그 언덕의 들꽃

그 언덕의 들꽃

이원문 시집

책나무출판사

목차

1부

2부

3부

4부

• 1부 •

따개비의 추억

벼랑 밑 돌아 그날 찾아보는 길
올려보면 하늘 높이 갈매기 맴돌고
줄무늬의 그 바위 그때처럼 선명하다

둘이 걷던 여기 이곳 누가 다녀간 이 있나요
바라보던 그 먼섬 더 멀어져 희미 하고
미움의 속삭임 파도에 휩쓸린다

지난 날 부서지 듯 부서지는 하얀 파도
부서지면 저렇게 물거품이 되는가요
또 다시 찾을지 돌아보며 돌아선다

욕심의 덫

어제 잃고 밝은 하루
나 여기에서 무엇 하나
내 것이냐 네 것이냐
눈 안에 담은 그림
모두 아 펼쳐보니
세월 앞에 소용 없고
담은 소리 꺼내니
마음만 얼룩진다
내 것이 있다면
무엇이 내 것이고
네 것 또한 있다면
무엇이 네 것이냐
새소리 즐겁고
바람소리 처량하다
밤 낮의 물소리는
무엇을 가르치나
쌓아보니 무너지고
채워보니 그것도
내 것이 아니더라
그래도 더 채우려

어제 밤 꿈 헤쳐보고
이웃 욕심 빼앗으려
어떻게 했나
나 자신은 그만두고
양심 속여 얻은 욕심
그래도 양심이 있어
그림자에게 미안하고
그 마음도 밤 지나면
거짓이 되지 않나
눈 오고 비오는 날
우산으로 가리고
그 속인 마음은
무엇으로 가렸나
추한 마음 모르고
꽃이 아름다웠고
늘리고 줄인 시간을
어떻게 험담 했나
그래도 넘는 해에
마음 모으지 않았나
이 것이 인생이라면
나머지는 무엇인가

사랑의 노을

인연이 꽃 피운
아름다운 사랑
채움의 우리 사랑
행복했었다
바라보는 비교에도
부끄럽지 않았고

노을 따라 걷는 길
눈시울 뜨겁던 날
먼 훗날 그날 위해
둘이는 행복했다
약속의 그날 위해
우리는 행복했다

추억의 상처

돌아선 안녕
너는 나에게
할 말이 많았겠지
그때 그 속삭임 처럼

미련의 안녕
나는 너에게
아직 말할 수 없어
그 처음이 그랬듯이

이것이 다야
모두 이거야
다녔던 곳 가지마
우리 그날 행복 위해

반딧불 사랑

반딧불 이리저리
논둑길 넘나들고
그 논 넘어 저 멀리
유화등 가물댄다

우리 마당 밤하늘
이웃 동생 어디서
그 어떻게 사는지
내 기억은 하는지

옥수수 하나 들고
쫓아도 오던 아이
돌아서 훌쩍이며
이튿날 또 온 아이

오고 싶은 우리 마당
내가 아나 네가 아나
모깃불에 쑥놓으며
그 연기 속 뛰던 아이

먼 유화등 무섭다
반딧불 잡아달라
못 따준 은하수 별
어디에서 무엇하나

아버지의 하늘

아이들아
글 많은 너희들 부자였어
이 에비는 가난했고
그래도 이웃 부끄럽지 않았지
내가 기른 너희들이 있으니까
이 에비 글이 없단다
그러니 어디 가서 좋은일을 하겠니
그저 노동판으로 장바닥 장사치로
안 해본 것이 없었지
장사치도 글이 있어야 하더라
그러니 뭘 해도 속기 일쑤였지
아파도 아픈 줄 모르고 살았어
이 에비가 난했기에
막걸리 한 잔에 김치쪽으로 목축이고
낯선 음식으로는 장터 골목
그 국밥 한 그릇이 최고였지 배도부르고
구경도 그렇지 일 두고 구경 가겠니
핑계에 못한 구경 한 번쯤 가고 싶구나
젊어서는 글이 없었지만
이제 글보다 힘이 없구나

일 한다고 해도 늙어 힘 없다고
써주질 않어 이것이 늙은거냐
머리는 왜 이리 하루가 다르게 하얀지
이제 남은 내 것은 그 세월뿐이로구나
모았으니 내 것인 줄 알았더니 그것도 아니고
너희 얻어 지난 세월 어떻게 다 흘렀는지
나물 뜯어 장터 가는 너희 엄마에게 미안 하고
먼 발치서 보는 에비 거짓말을 했구나
너희 엄마도 수 십수 년 그렇게 살았지
에비에게 붙들려 고생만 죽도록 하고
아들아 딸아 세월은 속이게 마련
속았다고 낙심하지 말고
얻었다고 자만하지 마라 또 속이니까
이제 남은 세월
나는 너희들을 바라보지만
너희들은 이 늙은 에비 바라보지 마라
세월에 속아 모은 것이 그것뿐이란다
아이들아 오늘 따라 바라보는 하늘이
더 멀게만 느껴지고 들어오는 구름 하나
너의 엄마 만났을 때 그 구름 같구나

구름의 희망

산 넘는 구름
어디로 흘러가나
어제 그달 가린 구름
내일이면 비켜설까

외로워 우는 아이
서러워 보는 아이
먼 아주 먼 훗날
네 보름달 다시 뜨면

뜸북새 떠나는 날
다시 볼 수 있을까
옥수수밭 지나는 아이
산꼭데기 올려본다

여름꽃

잃어버린 우리의 꽃
그 꽃을 어디에서
어떻게 찾을까
하늘의 구름은
옛 구름 그대로인데
찾을 수 없는 우리의 꽃
추억 속에 아련하다

아는 꽃으로 봉숭아
그 뜨락 채송화
울타리 감아 오른
삭쟁이의 나팔꽃
냇둑 논둑 들꽃들
이름 모를 고향의 꽃
그 시절로 데려간다

여름 부엌

끄을린 부엌만큼이나
끄을린 세월
어머니의 그 세월도
그렇게 끄을렸다
보릿짚 집혀
보리밥 짓는 어머니
여러 형제의
우리 남매들이
어머니의 그 마음을
얼마나 헤아릴까
찬장 안 새우젓 짠지에
반찬 투정 하던 우리들
우리들 반찬 투정에
얼마나 속상 했고
준비 했어도 그 투정
누가 손님이라도 오면
내놓을 반찬 없어
부끄러워 했던 어머니
외갓집 식구올까
늘 걱정 했었고

부엌 한곳 쳇바퀴에 거미줄 치던 날
끄을린 부엌이어도
하얗던 어머니의 세월
지금은 그 머리까지 하얗지 않은가
불장난에 숯검정 묻힌 옷
그 옷 깨끗하게 빨래해 입힌 어머니
옷 달라붙는 삼복 더위
부채 쉴새 없이 바빴던 어머니
보릿짚 연기 헤치며
밥물 넘친 밥솥 열던 어머니
그 밥솥 안 감자는 누구의 것이었나
휘젓는 보리짚 연기에
할머니의 그 눈총까지 맵던 어머니
어두운 부엌에 어머니의 그 하얀 세월
부엌 문밖 옥수수잎이
날마다 날마다 헤아려 주었다

맹꽁이의 뜰

앞 논배미 맹꽁이 울음 처량도하다
비 오는 뜰 낙숫물에 그 세월 다 녹고
보따리 들고 찾아온 집 이 집이 뉘집인가
주워든 머리카락 하얗기도 하얗구나

이 신세 저 신세 쥔 부채에 접힌 하루
잠깐 꿈 그 단몽에 입은 옷이 그 옷인가
누구의 세월이 음지 없는 양지일까
맹꽁이의 저녁 울음 모두 거둬 멎는구나

빗소리

들으면 즐겁고
바라보면 멀어지고
보는 눈은 가까운데
왜 멀어지는걸까

멀어져 모으는 눈
동그라미안의 옛날들
빗방울에 담기는
놀 안의 그날인가

떠오르다 지워지는
멀고도 가까운 날
눈 못 떼어 바라보면
더 멀어져 떠오른다

부모의 모습

나를 보고 누구냐 물으시는 어머니
제일 예뻤던 나의 엄마 우리 엄마
그때 그날을 기억 하시겠지요

학교 안 간다 야단치던 어머니
소풍날 내 손 잡고 소풍 갔던 어머니
운동회날 학교에 와 응원 해주던 어머니

그날 하루쯤은 반찬이 달랐지요
김밥 삶은 달걀 메루치 볶음 계란찜
그 다음 깍뚜기 말고 무엇이었지요

소풍날 이모 찾아 이모 옷 빌려 입고
새벽부터 이것 저것 준비 했던 어머니
운동회날 옥양목 치마에 흰 수건 두르고 왔었지요

누워서 힘들다 못 일어나시는 아버지
나무짐이 제일 컸던 우리 아버지
그 추운날 여름날 기억 하시겠지요

논밭 갈이에 소 말 안 듣는다 야단치던 아버지
참 늦었다 참 내와라 소리 지르던 아버지
돼지 소 팔아 등록금 대주던 아버지

그날 하루쯤은 주머니 두둑 했었지요
얼근하니 막걸리 한 잔에 빚 갚으로 다녔고요
그 다음 장터 길 주막집에 갔던가요

속상한 어머니 기다리다 쫓아 갔고
술 취해 잃은 돈은 아주 잃어버렸나요
망령의 어머니 병마의 아버지
우리 형제 기르느라 고생 많으셨습니다

구름의 뜰

한 아름 네 뭉게 구름
어디로 흘러가나
바라보는 까막개미
다시 한 번 올려보고
봉숭아 채송화
기다림에 잠이든다

아름다운 너의 구름
누구의 그림일까
바라보는 우리 언니
봉숭아 물들이고
네 산 넘는 저녁 오면
노을 맞이 나간다

베갯머리

뒷동산 오르며
뛰어 놀던 곳
베갯머리의 그 동무들
어디에서 무엇 하나

논 밭 길 산으로
신발 들고 뛰었던 곳
찢어뜨린 고무신 어떻게 하나

세월의 강 건너
바라보는 곳
베갯머리 적시는 나
여기 이곳이 어디인가

세월의 그늘

고요히 파란 들녘
그 시절 스쳐 가고
원두막 밑 부채 바람
또 한 세월 안아준다

젊어서는 들녘이 뜨거워도
땀으로 버리면 그만인데
이제 그 땀이 어디로 갔는지
끈끈한 몸에 세월만 시렵다

그 한참 나이 논 흠치며
벼 포기와 보낸 세월
바라보는 저 우리 논
그 논을 다 어떻게 헤집었나

마른 땀 잃은 세월
팔 다리 저려오고
논둑 넘어 물새 울음
그 세월 읽어준다

구름의 약속

산으로 바다로
우리 아름다운 날 잊지 않았겠지
바라보는 하늘에 먼 훗날의 그날도

뭉게 구름 위 둘만의 오두막집
찾아가면 아직 그대로 있을까
우리 둘이 감춰온 목화 구름 속 그 행복도

나 찾아 가련다
우리 그날의 오두막집
목화 구름 속 그 행복도 함께 찾아보련다

노을의 추억

홀로 나선 여름 바다
어디로 가야 하나
이리저리 다녔던 곳
발 내딛어지지 않고
고르고 골라도
섭득 내딛어지지 않는다
그 한참 망설임
그곳 찾아 가볼까
수년 전 쌓아놓은
모래성 찾으러
미련은 가자 하고
추억의 마음 부끄럽고
그래도 그날 찾아
길을 나선다
다 잃어버린 날
잊어야 했던 날
그곳 찾아가면
무엇이 기다릴까
차창 밖 바뀐 풍경
설레이는 미련의 길

그 어리는 흐린 얼굴
모래성도 흐렸을까
올라선 해당화 언덕
옛 바람 쓸쓸하고
겹쳐 미는 파도 멀리
그 갈매기 날아온다

필통의 길

이곳저곳 나 밟던 길
구름은 찾았는데
놀던 곳 간데없고
뒷동산 앞 냇가
파란들도 지워졌다

반딧불 메뚜기 떼
날려보낸 방아개비
찾으면 찾을까
추억 속에 아른대고

오고 가기 싫었던
이슬 차여 젖는 길
필통 소리 들려온다
책보자기 속 그 소리
아련히 들려온다

고향의 칠월

접어든 칠월 어느덧 중순 되고
달력에 팔월 한 달 찬 바람이 들어 있다
덥다 뜨겁다 모기 뜯는다
뜸북새 떠나면 모두가 그만인데

그 며칠 쥔 부채질로 무엇을 쫓아냈나
제비집 제비 가족 둥지 두고 집 나가고
찬 우물 물에 짠지 국물 그리 시원 했었나
밀 부침게 내음 고소하니 앞 마당에 깔리는 날

열매 과일 익어가니 맛으로 느낀 그 세월
벼 이삭 패는 들녘 참새 떼 날아든다
붉어 가는 고추밭 잠자리 높이 뜨고
숨어 오고 가는 여름 참깨 씨 어떻게 했나

• 2부 •

뒤란

뒤란은 그렇게
가슴에 남는 것
굴뚝 끄을린만큼이나
검게 끄을린 그 세월

무엇을 감추고
숨겨놓았을까

기쁨에 찾았고
슬퍼도 찾았던 곳
울타리에 메꽃 송이
아련히 어린다

모래밭

안 찾는다 하면서
여기에 왜 와야 했나
우리 그날 가버리고
흔적도 없는데

밀려와 부서지고
겹쳐 밀어 휩쓸고
우리의 그날은
그렇게 지워져야 했는지

다시 찾은 바다 멀리
바라본 섬 멀어지고
부서져 쓸린 행복
물거품 꽃 피운다

나비의 마음

찾아 다닌 풀숲의꽃
어느 꽃에 앉을까
높이 높은 나무의 꽃은
벌에게 맡기고
낮은 곳에 풀숲의 꽃은
찾을 나비의 몫일까

꽃마다 다 다른 꽃
크고 작은 풀숲의 꽃
그 향기 찾아갈까
싫어도 꿀 찾을까
추함에 예쁜 꽃
어느 꽃을 찾을까

구름의 추억

짊어진 배낭 속에 무엇이 들어 있나
즐거운 여름 휴가 낭만 찾으러 가는 길
배낭 가득 모자라 코펠 버너 옆에 달고
노래의 카세트는 내가 들었고
두루마리 돗자리는 그 사랑이 들었다

짊어진 짐 무거워도 그냥 마냥 즐거운 길
돗자리 무겁다 투정에 또 받아 들고
작년에는 계곡으로 올 여름은 그 바다로
고상한 척 그 음악에 마주 보며 가는 길
바닥난 속삭임에 음악만 커진다

휴가 길에 만난 사람 서로가 흩어진 길
도착한 둘만의 바다 뭉게 구름 떠 오고
어느새 저녁 되어 붉게 붉게 노을진다
철썩이는 파도소리 둘만의 낭만인가
텐트 안 사랑의 밤 별이 훔쳐 보는 것 같고

짓궂은 소나기 구름 한 차례 비 뿌린다
낭만인가 추억인가 영원한 사랑인가

등불에 마주 보는 모습 어디에 비할까
가물대는 등댓불 멀리 검푸른 파도 밀려 오고
이른 아침 백사장 둘만의 흔적 기다린다

거머리의 일기

기억으로 더듬는
그 여름의 삼복 더위
그때를 아십니까
그날을 아십니까
시절이라 하기보다
아주 아주 먼 시간
우리의 삶은 그렇고 그랬었다

텃밭은 이른 새벽
먼 들녘은 한낮 더위
뜨거워도 참아야 했고
비 오면 비 맞아야 했던
우리 조상들의 그 삶을
어떻게 다 헤아려 드릴까
그 시절 조상들께 그저 미안하다

삼복 더위 논 가운데
아버지의 논 매는 모습
달라붙은 그 거머리 떼어 내었고
벼 포기에 쓸린 얼굴

따가워도 참아야 했다
어머니는 콩밭에서
그 콩잎에 쓸려야 했고

깨스 전기 없던 시절
무엇인들 시원할까
수돗물이 없었으니
우물 물 퍼 먹었고
모깃불 등잔불
뜯는 모기 쫓아가며
그 등잔불로 우리들을 키웠다

원두막 길

뒷산 길 돌아서면
우리 집 참외밭
개울 건너 가는 길
매미 울음 처량하고

적막의 이 뒷산 길
싫은 며칠 다닐까
징검다리에 빠진 발
고무신 들은 길

찾아온 원두막
올라서니 시원하고
가을 걱정에 보는 논
하루해 저문다

여름밤

은하수 길 따라
별 나라 찾는 밤
나 찾아 가는 곳
그곳에 누가 있나

먼 별 맡아놓고
머리 위 별 감춰놓고
혼자만이 가는 나라
누가 나를 기다릴까

세어도 말아도
끝 없는 별 나라
작년에 못 찾은 별
다시 찾아 떠난다

석양의 노을

저 먼 뭉게 구름 위
초가집 짓고
저녁 오면 그 노을에
그리움 엮는다

그 뭉게 구름 내일 오면
또 무엇을 지을까
내일의 그 노을에
그 옛날 엮는다

해변의 미련

찾은 섬 멀리
갈매기 나르고
섬 지나는 고깃배
눈에서 멀어진다

불러도 없는 이름
그려도 없는 모습
외로워 찾은 바다
누가 나를 바라볼까

아쉬워 돌아보며
마지막 내딛는 길
파도만이 쓸쓸히
그 발자욱 지운다

외로운 노을

빈 주머니에 친구 없고
불러 만나자니 자신 없다
하나 둘씩 끊긴 연락
누가 나를 찾을가

한때는 찾는 이 많고
부르는 이도 있었다
그 많은 사람 다 어디 갔나
나 좋아 찾던 그 사람들

술 한 잔도 내가 내고
잘못 또한 없었다
그저 친구 좋고 이웃 좋아
그렇게 만난 것 뿐인데

이제 남은 여생
내 주위에 누가 있나
그 한때 내 말이면
들어 주고 세웠는데

믿어 만난 친구들아
좋다 찾던 이웃들아
내 비울 것 더 있으니
그것마저 비워주렴

우물둥치의 회고

물장난 하는 아이들
뭐시 저리도 좋은가

벗겨도 이쁘고
입혀도 이쁘구나

물 한 다라이 퍼놓았더니
서로 끼얹으며 장난 하네

애들아 우물 안 좀 들여다 보렴
너희 모습 말고 무엇이 들어 있든

이제 그만 놀거라
할미 그림자 길어진다

타향의 구름

우리 동네 앞 냇가
고향 언덕의 그 구름일까
뭉게 구름 피어올라
이리저리 둘러보면
동무들 뛰어가다
가지 오이밭 훔쳐 보고

냇가에 봇물 가득
빼앗은 신발 던지면
가라앉은 고무신 찾기
누가 먼저 찾아주나

신 찾아내라 우는 아이
가지 오이 띄운 아이
서리의 참외 수박
물놀이에 떠다니고
물속 깊이 신 찾은 아이
영웅 되어 올라 온다

처음의 바다

다시 한 번 그려보는
못 잊을 추억의 밤
그 바다 찾아
조약돌 모으고
쏟아진 별 모아
그곳에 묻고 싶네

지워진 우리 그날
그 노을 그리워라
잊는다 하면서
못 잊은 처음인가
다시 모은 조개껍질
이 자리에 묻고 싶네

외로운 약속

찾은 바다 여기 이곳
나만이 찾아 왔나
바닷바람 가슴 가득
더 무엇을 담을까

파도에 실린 마음
부딪쳐 부서지고
휩쓰는 파도에
나의 흔적 지워질까

바위 그늘 저 먼 섬
기억 멀리 데려가고
들어오는 갈매기
그 기억 데려온다

원두막의 시간

가을 문턱 기다리는
중복이라 말복 더위
저무는 참외 수박밭
아침 저녁이 다르다

그래도 뜨거운 한낮
쓰르라미 세월 읽고
쥔 부채로 부쳐대니
가을 문턱 입추오나

달력 날짜가 아니라
피부로 느낀 그세월
이제 참외 수박넝쿨
어떻게 다 거둬내나

씨앗 가게 찾는마음
그 봉지 안에든시간
김장갈이 무 배추씨
늦은 가을 기다린다

텃밭의 밤

뒷문 밖 수수잎
이슬에 젖는 밤

달빛에 밤 기러기
산을 넘는다

중복의 어머니

어머니
우리 엄마
여러 형제 우리 남매
어떻게 키우셨는지요
부채질로 새우는 밤
어머니의 밤은 있으셨습니까

보리밥 싫다 우는 동생
어머니는 밥솥에 얹진
메뿌리 몇가닥으로 달래주었지요
우리들 밥 투정은 내일의 거짓으로 달랬고
맨날 그 반찬에 오이지 국물
어머니의 마음 어떠 하셨는지요

어머니 보릿짚 연기 휘저을때 그리 맵던가요
매운 그 연기의 눈물만은 아니였겠지요
있는 집이나 있는 참외 수박
칭얼대는 우리들을 무엇으로 달랬는지요
저녁 수제비에 떼어 넣을 밀가루
그 한 줌 반죽하여 빵 쪄준 것이었던가요

더워도 시려운 부족으로 보낸 세월
기른 집 기울 듯 기우는 세월
나올 땀 마르니 머리부터 하얀 어머니
그 흔적 허물어진 빈 집터로 남았으니
우리 기른 어머니의 흔적은 어디에 있단 말입니까
어머니 우리 엄마 오래오래 사세요 엄마~ 엄마~

여름 반찬

기다리던 여름 저녁 댑싸리에 베짱이 숨어 울고
보리밥 푹 무르익어 흐물흐물 하니
호박잎 쪄놓고 풋고추 넣어 된장 찌고
비름나물에 오이상채 콩밭 그늘 열무 뜯어
열무김치 열무물김치 오이지무침 물오이지

여기에 빠질 수 없는 묵은 찹쌀 고추장
마당에 멍석 펴 모인 식구들
저녁노을 바라보며 밥상 기다리고
밥내온 어머니는 박바가지에 밥넣어
큰언니와 함께 쓱쓱비벼 먹었다

사랑의 그늘

산으로 바다로
우리 아름다웠던 날
메아리에 실린 말
기억 하고 있는지

찾아간 그 바다
세글자의 그 글씨
부끄러운 그 글씨
지워지지 않았을까

자꾸만 흐려져
멀어지면 이렇게
흐려지고 잃는 거야
아니 잊어야 하는 거야

잃었다면 찾을 수 있는데
잊혀져도 찾아질까
그 소중한 우리의 약속
나 다시 찾을 거야

외로운 파도

멀리 바라보면 옛날이
지금 이 자리에는 오늘이
내일은 무엇이 있어
그 미련의 날이 될까

찾은 바다 파도소리
잊혀진 옛날인가
밀려와 부딪쳐
모두 부서지는 듯

쓸어내려 휩쓸고
남기면 지우고
파도만이 지워야 할
그 하얀 날이었나

바위 그늘 찾은 몸
무엇을 찾고 있나
멀리 가까이 다 잃어버린 날
발 아래 작은 파도
소라 조개껍데기 씻는다

• 3부 •

여름의 가을

뜨겁다 덥다 무덥다
울어대는 매미 울음에 가을 문턱 닫어지고
눈치 빠른 강아지풀 씨앗 맺어 영글린다
더워도 아침 저녁 느낌이 다른 냉기

며칠 있어 서늘하니 가을이라 일러줄까
매달린 대추 시퍼런히 단 사흘이 다르다
그 입추에 들어설 귀뚜라미의 가을밤
하루 하루 조바심에 가을바람 기다린다

시간의 과거

돌아보면 짧은 것을
바라보니 짧을 것을
많았던 앞 두고온날
여기 올걸 그랬었나

아무것도 아닌 것을
얻기 위해 보낸세월
그 젊은날 아꼈어도
아낀 시간 어디갔나

유리병 안 그시간들
그 시간이 세월이고
쌓인 날이 인생인가
얻은 것은 어디있나

아껴온 옷 부끄럽다
정든 장농 늙어가네
부끄러워 버리는 옷
무엇 입고 젊어질까

지팡이에 윤기 흘러
둘러 잡니 미끄럽다
디딘 걸음 헛짚으니
늙은세월 누가 찾나

매미의 고향

매미 울음의 고향 언덕
그때는 그랬었다
더워도 참았고
참았어도 참을 수 있었다
그때라고 안 더웠겠나
어머니들 적삼 밖으로 젖 나오던 시절
여름 보릿고개에 보리쌀 항아리 긁던 시절
모두가 부족 했고 어려웠었다
삼복중 이맘때면 논 보다
밭 일이 더 바쁘던 시절
배추 무갈이에 참외 수박 넝쿨 걷어낼 무렵
아이 어른 할 것 없이 밭일에 매달렸고
비 오면 비 걱정 가물면 가뭄 걱정
그렇게 더웠어도 찬 우물 물 한 주전자 떠
그 찬물 한 모금으로 이 무더위를 식혔다

여름의 심술

뜨거워 시들고
무더워 늘어지고
때맞춤에 볶는 여름
하루의 해 또 넘긴다

산과 들이 다른 느낌
남은 며칠이 아쉬운가
백 십 년 만에 사십도라 하니
얼마쯤 더 올릴까

팔월이 되어도
찬 바람 숨긴 여름
심술궂게 달궈놓고
며칠을 더 달굴까

친정의 여름

콩밭 골걷이의 우리 엄마 얼마나 뜨거울까
논 가운데 아버지 그 피사리에 얼마나 땀에 배고
공장 떼기로 떠돌다 시집 나이 넘은 나
고생 하지 마라 서울로 보내졌나

여기도 춥고 덥고 마음 고생 하는 곳
재래시장 장사치로 눈치 보아야 하는 곳인데
그래도 우리 엄마 들녘 일만큼이나 무덥고 뜨거울까
나 하나 바라보고 평생을 사는 우리 엄마

잘 보냈다는 시집이 팔자에 없는 운명인가
여기는 그래도 그늘이 있어 땡별 피하고
얻어 쉴 수 있는 곳 서늘한 냉기 바람이라도 있으련만
우리 엄마의 들녘에는 무엇이 있어 시원하고 서늘할까

넘는 해에 저녁바람 그것이 다이고
뒷산 바위 찬 우물 그것이 제일로 아는 집인데
그렇게 자란 나 내가 어찌 집을 모를까
남에게 부끄러워 솜사탕 부풀리 듯 자랑은 하지만

외동 딸 하나 믿고 이곳 저곳 마다 했던 나
외모는 우리 엄마가 얼마만큼이나 포장 했나
운명이자 팔자라니 이 운명이 그 운명인가
친정 집 저녁 마당 붉게 붉게 물들어간다

지친 매미

못 넘는 가을 문턱
여름도 아니고
절기로는 가을인데
물러설 줄 모른다

뜨겁다 뜨거워도
이렇게 뜨거울까
밤이어도 무더워
뒤척이며 잠 못 든다

덥다 하는 백여 년 전
오늘 같은 그날들
그 뜨거운 날 무엇이 있어
이 더위를 식혔나

구름의 땅

구름아 오너라
많이 오너라
시커먼 구름으로
많이 많이 오너라

뜨거운 여름 흙
밤이어도 안 식는다
네 몰려와 태양 가리고
비 뿌려 물 흐르면
모두 식지 않겠나

바람아 불어라
구름 찾아 불어라
숨은 구름 모두 찾아
기쁠만큼 불어라

시드는 여름

40도에 시들어
입추에 밀린 여름
찾아온 입추에
안 밀릴 수 있나

풀이파리 나뭇잎
먼저 밀리고
그 다음 시냇물
냉기 섞여 흐른다

아직은 파란 들녘
가을바람 언제 오나
가는 여름 아쉽고
참새 떼 기쁘다

섬 찾아가는 길

섬 찾아 나서는 몸
어느 섬을 찾을까
안내장으로 찾는 섬
짚는 섬마다 궁굼하고
그 곳도 이 곳도
모두 찾아 가고 싶다

혼자만이 설레임
나 아는 이 누구일까
동행자 될 누가
있는 것 처럼
여기저기 두리번
승선 시간 다가 오고

자신 없어 표 못 끊으니
나 다음 어느 배에 실려야 하나
부두가 한 곳에 앉아
추수리고 추수린 마음
다시 한 번 그 섬으로
마음이 돌려진다

해당화의 기억

기억이라면 그날이 될까
추억이라 하기보다
그 섬에 꿈 묻던 날
둘이는 무어라
무엇을 약속했지

다시 한 번 그 섬 찾아
우리 약속 찾아보고
노을 진 백사장
그 언덕에 올라
예쁜 해당화꽃 꺾고 싶구나

외로운 파도

밀려와 휩쓸고
다시 모아 지우고
그 흔적 지우기를
몇 날 며칠이었나

그날처럼 남겨놓을
약속의 그날 위해
소라의 꿈 모으며
날마다 지웠는데

수수밭의 여름

바람 시원하니 매미 울음 멀어지고
맴도는 고추잠자리 가을 문턱 두드린다
저 뭉게 구름 흩어지면 가을 문턱에 들어서나
가을 찾는 참새 떼 들녘으로 모여들고
참새 떼 쫓는 소리 그 메아리에 들린다

가는 여름 오는 가을 숨어온 귀뚜라미
여름은 그렇게 가면서까지 달궈야 했나
미워도 아쉽고 보내어 서운한 마음
네 절기에 밀려 세월 따라 가야 하는지
내 수수밭 찾는 날 너의 심술 모두 잊으련다

초롱꽃

이름 지워지고
옛날도 잃었다
모습은 그렇게
멀리서 가물가물
그 아름다운날만이
나를 기다리는지

잊어도 못 잊을
옛날이라면
그 미운 기억을
어떻게 잊어야 하나
잃어버린 그날 찾아
추억에 묻는다

초침

일터의 오늘 하루
무엇하다 다 갔나
지는 해 뉘엿뉘엿
옛날이 떠 오르고
산 넘어 노을지니
그 마음 모아진다

오늘 하루가 그렇듯
그런 삶을 살아온삶
큰 욕심도 아니것만
그릇마다 비어 있고
쥔 그릇 채우려하니
허무 하고 고달프다

그 여름

전기 없는 그 시절
전기 있는 이 시절

어머니의 아들 딸
어떻게 기르셨나요

많이 더우셨지요
어머니 고맙습니다

위안부의 밤

안됩니다
우리 국민 이래서는 안됩니다
빨간 글씨 쉬는 날 73년의 8월15일
내걸린 태극기 썰렁하니 한 두집이고
사람마다 표정에 담긴 그 마음들
서로 마주보는 표정에 무엇이 담겨 있습니까
공휴일에 먹고 입고 놀러 가는 날
일제의 그날을 얼마나 되새겨 보았습니까
강제 징용 위안부 주권 잃은 우리 민족
비웃는 일본을 생각해 보셨나요
아물지 않은 상처에 우리 독도 보셨나요
지금도 찝적대며 시비 하고 있지 않습니까
벌어질 시비에 우리 국민의 대안이 무엇입니까
안됩니다
우리 국민 이래서는 안됩니다
그 강제 징용 보호소에 노을져 가고
그 위안부의 밤하늘에 별이 반짝입니다

여름 하늘

그늘 위로 보는 하늘
뭉게 구름 떠 있고
뭉실뭉실 저 구름 위
마음 얹어진다

매미 울음 즐거워라
둥실 둥실 뭉게 구름
산봉우리 위 저 구름이
무엇을 그려줄까

이리 보면 그 바위섬
저리 보면 붓 흐림 줄
바라보는 저 구름들
나 여기서 무엇 하나

한참을 빠져들다
마음 올려놓으면
올려놓은 옛 마음까지
그날도 그려준다

칠월칠석의 밤

며칠 전부터의 설레임
비 구름 오면 어떻게 하나
구수한 밀부침게 내음
마당에 깔리는 밤

해 넘기를 기다리며
오늘을 기다렸다
저어대는 보릿짚 연기
부엌에 솥뚜껑 여닫는 소리

노을지고 밤이되니
아는 별 북두칠성
먼 은하수 가물대고
누워 보는 저 많은 별

견우 직녀 어디에 있나
줄 긋는 별 똥별 산 넘는 밤
쏟아진 별 가슴에 담아
꿈 나라로 떠난다

인생

태어난 이 세상
나 여기에서 무엇 하나
울면 밥 주고 투정 하면 옷 입히고
어머니 가슴에 대못 박느라
웃어도 그 기쁨이 어머니의 기쁨이 되던 날
어머니 품 밖 벗어나니 이것이 세상인가
웃어도 울어도 이쁜 날이 언제였나
모르고 나온 세상 춘삼월 버드나무가 가을을 알았겠나
가는 길도 모르고 가야 하는 길
풀잎 이슬의 가르침도 모르고
입맛 쓰다 찾은 단맛 그 쓴맛의 가르침도 몰랐다
이제야 찾는 인생 여기가 어디요
나 아는 이 찾는 사람 다 어디 갔소
돌아보는 춘삼월 돋는 새싹 새롭고
앞 뒷산 뜨락에 피는 꽃 이쁘다
이 머리에 앉은 서리 언제 녹을까

메뚜기의 고향

하늘 높이 새털구름
어느 것이 더 예쁠까
깻단 터는 할머니
참새 떼 바라보고

밀짚모자의 허수아비
메뚜기 떼 기다린다
훠이 훠이 훠이
깡통 두드리며 새 쫓는 소리

메뚜기 떼 즐거워라
어느 논에 숨어들까
아직은 먼 단풍
깊은 가을 기다린다

• 4부 •

금잔디

쓸어 안은 이 가슴
흐르는 눈물
이제 그만 거두고
이 자리를 뜰렵니다

당신께 버린 세월
저 구름 산 넘으니
강물에 던진 그날
운명 따라 가야 하나

알면서 맺은 인연
거짓 된 사랑
당신의 무덤 앞에
꽃 한 송이 올립니다

기러기 마음

석양에 보는 하늘
외기러기 멀어지고
그리움의 이 가슴 눈물 흐른다

아무 것도 없는 나
아무도 없는 길
바라보는 저 노을은 누구의 것인가요

접어든 메꽃잎
어둠이 가리는 길
누가 나와 함께할까 어디로 가야 하나

돌섬의 일기

우리 엄마는
물 때 맞춰 바다에 나갔고
나는 뒤 따르며 빈 바구니 들고 따라 갔다

갯벌의 엄마
더 멀어지는 엄마의 모습
뻘 밖에 나는 바위 밑 모래 모아 성쌓았고

우리 엄마는
멀리 돌섬에서 굴을 땄다
들어오는 갈매기 밀물이 언제 들어오나

기다림의 나
가물가물 엄마의 모습에
이 모래성 뒤로 하고 엄마에게 달려갔다

가을 뜨락

볕 따가워 음지에 앉으니
서늘하니 시원한데
그것도 오랜 시간
볕을 찾게 되는구나

씨앗 영글리는 맨드라미
멍석 위 팥 녹두 이 볕에 잘 마를까
한 곳 소쿠리에 참깨 널어놓았고
하루가 짧은 듯 지붕 그늘 드는 뜰

문간의 수탉 암닭
무엇을 바라보나
멍석 차지 못한 닭 돌아서는 문간
지는 해에 맨드라미 하루를 읽는다

비 오는 가을

검은 구름 몰려와
굵은 비 내리더니
거둬든 안개구름
보슬비 뿌린다

창 넘어로 바라보는
멎지 않는 보슬비
온종일 내리는비
이 마음 빼앗을까

바라보면 볼 수록
먼 옛날 데려오고
그 먼 옛날의
크고 작은 일들

떨어진 빗방울이
그 상처 드러내나
들추고 들춰진 것 처럼
싫은 기억까지 그려진다

고향의 초가

나 자란 초가에는
지붕 위 둥근 박이
달과 마주 보았고
울타리 한곳에는
삭쟁이 타고 오른
메꽃이 피었었다

뜨락에 맨드라미
뒷문 밖 텃밭에는
가지 고추가 열었고
뻗어 나간 호박넝쿨마다
붉그스레 큰 호박이
줄기 잃고 매달렸었다

고향의 동무

모여 나뉜 아이들
어디로 뛰어갈까
가얌 알암 주우러
뒷동산에 오르고

고소한 메뚜기 볶음에
또 한 곳은 메뚜기 잡으러
논으로 달려갔다

오는 길 코스모스
누구의 꽃이 더 예쁠까
언니 누나는 호호불고
남자들은 빙글빙글
팔랑개비로 돌렸다

가을 강

인생을 읽는 강
누구의 세월이 저리 모여 흐르는가
강 건너 나는 물새 눈에서 멀어지고
외기러기 높이떠 강물 따라 내려간다

강바람이 빼앗는 강 언덕에 오른 마음
고요의 저 강물 다시 거스를 수 없는지
석양에 저녁바람 더 내릴 옷깃 없고
안은 바람 쓸쓸히 억새꽃 눕힌다

가을 사랑

걷는 길 돌아보면
아무도 없고
올려보는 옛 하늘
흰 구름 흘러간다

어맘때의 그 마음
설레임의 길인가
못 잊어 걷는 이 길
약속의 꽃 피어 있다

마주보며 바라보던
가냘픈 코스모스
다른 한 곳 서로모른
풀숲의 가을 꽃들

오늘도 피어난 꽃
그 꽃보며 무어라 했지
속삭였던 한마디
돌아서 가자 한다

귀뚜라미의 일기

초저녁 초승달
아가 꿈 모으고
어둠의 귀뚜라미
가을을 읽는다

숨어드는 초승달
가을 더 깊어라
며칠 후보름이면
뜨락 찾아 읽어줄까

귀뚜라미의 기다림
문틈에 스미는 밤
설레임의 보름달
귀뚜라미 찾는다

가을 안개

봄 안개 그렇듯
진달래 가리고
가을 안개에
참새 떼 숨는다

걷힌 안개에 어쩌나
참새 떼 쫓는 소리
훠이 훠이 훠이
누가 저리 쫓는지

참새 떼 나는 들녘
허수아비 외롭고
숨을 곳 없는 메뚜기
벼 이삭에 매달린다

가을의 산

그 무덥던 여름 하늘에 올리니
먹을 것 많은 가을 산 조용히 숨 죽인다
더워도 뜨거워도 약속을 지키는 산
높이 감은 다래 넝쿨 옆가지 오른 머루 넝쿨
한 곳에 얼기설기 으름 넝쿨에 으름 매달리고
쐐기 많은 가얌 나무 가얌 보일까 감춘다

그렇게 무덥더니 여름 보낸 가을 산인가
계곡의 물 한 모금에 목 축이며 오르는 산
이 산 계곡 오르며 무엇을 더 얻을까
고목 언저리의 싸리버섯 열매 보다 더 반갑고
오르는 산 산새 소리에 적막감이 흐른다
내려오며 들려 보는 오랜 암자의 법당

거미줄에 묶인 세월 이 산을 지켜온 천년의 흔적인 듯
밤나무 밑 떨어진 알암 다람쥐 주인 되고
으쓱한 법당 안 부처님 칠성님전 마음 씻어진다
돌아 앉아 바라보는 암자 뜨락 앞 저 높은 산
무엇인가 지은 죄 속죄 하는 마음
높은 산 봉우리 위 흰 구름 산 넘는다

초가의 고독

달빛 흐르는
귀뚜라미의 밤
마루 끝 고무신
외로움 달래고
이슬에 젖는 뜨락
귀뚜라미 달랜다

밤새워 우는
귀뚜라미의 밤
장독대 맨드라미
그리움 달래고
우물둥치의 두레박
달빛 담는다

갈대밭

알 수 없는 이 마음
돌아서야 하나요
그리워 찾은 이곳
부를 이름이 없어요
찾을 모습도 없고요
하늘에 있을까요

아무도 없는 이곳
무엇 찾아 왔는지요
잃은 것은 시간인데
잊혀진 것이 있나요
늙는 갈대에 묻는 마음
나도 모르겠어요

가을 바다

쓸어 안은 바람 가슴에 담고
그 옛날 흔적 찾아 여기에 왔다
추억이 되어버린 거짓 된 먼 훗날
오늘이 그 먼 훗날의 약속이었나
바라보던 둘만의 섬 갈매기 부끄럽고
돌아보는 백사장 발자욱 따라온다

낮에는 조약돌 밤하늘에 별 따던 곳
먼 옛날이 지워버린 그 먼 훗날의 미련일까
둥지 틀어 밥 짓던 곳 흙더미 내려 앉고
그 약속 조개껍데기 파도에 휩쓸렸다
이제 마지막 다시 찾을지 이 흔적의 억새풀만
우리 사랑 그 행복 꽃 피워 눕는다

벼이삭 동무

동무야
가을이 왔어
너와 나의 가을이
저 논의 벼 이삭은
참새의 것인데
너와 나의 것은 어디에 있지

동무야
추수 끝나야
우리의 것인 거야
주머니 틑어지면
어디에 더 넣지
눈물의 소쿠리에 넣어야 해

동무야
참새 떠나고
허수아비 누울 때
비 오면 어떻게 해
구름 들어오면
그래도 우비 쓰고 나가야 해

동무야
참새 떠나면
뒷산 넘어 그 들녘
그 곳에 찾아 가자
그럼 많을 거야
그 작년처럼 많이 주울 거야

동무야
점심 먹었어
나는 또 못 먹었어
고구마로 때웠어
그 들녘 걷으면
저녁때까지 많이 주워오자

억새꽃 편지

너에게 보낸 편지
다시 읽어주렴
네 그리워
다시 찾았어

윗줄에 그리움
그 다음 줄 속삭임
맨 아래 끝으로는
너의 모습 그렸지

끝으로 그린 그림
어떻게 글로 다할까
너를 못 잊어
여기 다시 찾았어

수수밭의 추억

주전자 들고 심부름 가는 길
가기 싫은 심부름 길 수수밭 지난다
수수잎 사그락 가을바람에 비벼지는 소리
흩어진 새털구름 위 마음 올려지고
올려보는 파란 하늘 나 여기에 앉아 무엇 하나

수수목 위 새털구름 하늘 높이 더 높아라
저 구름 산 넘으면 어디로 가나
주전자 술 한 모금에 심부름 길 잃은 마음
구름 따라 가는 길 나도 함께 가야 하나
든 주전자 늦는다 빨리 가자 재촉 한다

가을 고독

이맘때면 찾는 언덕
새털구름 수놓고
한곳에 뭉게구름
조용히 산 넘는다

버린 시절 먼 옛날
이곳에 있을까
억새꽃에 묻는 마음
그 옛날 모아지고

물 새나는 강언덕
파라보는 파란 하늘
불어오는 바람마다
억새꽃 눕힌다

먼 가을

언제나 찾았던 곳
가을이면 들렀던 곳
그리워 보는 하늘
구름 더 높고
아직 찾는 길
가는 곳 멀다

여기서 머무를까
더 가야 하나
먼 옛날 짚어주는
약속의 억새꽃
불어오는 바람
옷깃 여민다

그 언덕의 들꽃

초판 1쇄 발행 2023년 8월 14일

지은이 이원문

펴낸이 임병천
펴낸곳 책나무출판사
출판신고 2004년 4월 22일 (제318-00034)

주소 서울시 영등포구 신길3동 325-70 3F
전화 02-338-1228 **팩스** 0505-866-8254
홈페이지 www.booktree.info

ISBN 978-89-6339-707-8 03810